글·그림 산나 펠리초니

1976년에 핀란드 오울루에서 태어났어요. 이탈리아의 볼로냐와 마체라타에서 일러스트레이션을, 핀란드의 페카 할로넨 미술 대학에서 그래픽 디자인을 공부했지요. 평등, 원주민, 신화, 숲, 자연 등에 관심이 많답니다. 지금까지 수많은 어린이 책에 그림을 그렸으며, 《네 생각은 어때?》가 속한 '온니' 시리즈가 대표작으로 꼽혀요.

옮긴이 이유진

한국외국어대학교 대학원 영어 영문학과와 스웨덴 스톡홀름 대학교 문화미학과에서 문학 석사 학위를 받았답니다. 지금은 노르웨이와 덴마크, 스웨덴의 어린이 책을 우리말로 옮기고 있지요. 옮긴 책으로 《내 안의 새는 원하는 곳으로 날아간다》, 《할아버지의 마지막 모험》과 토베 얀손의 '무민 연작 소설', '무민 클래식 시리즈', '무민 골짜기 이야기 시리즈' 등이 있어요.

네 생각은 어때?

첫판 1쇄 펴낸날 2022년 5월 13일 | **2쇄 펴낸날** 2023년 4월 28일 | **지은이** 산나 펠리초니 | **옮긴이** 이유진 | **발행인** 김혜경 | **편집인** 김수진 | **주니어 본부장** 박창희 | **편집** 길유진 진원지 강정윤 조승현 | **디자인** 전윤정 김혜은 | **마케팅** 최창호 임선주 | **경영지원국** 안정숙 | **회계** 임옥희 양여진 김주연 | **인쇄** 신우인쇄 | **제본** 에이치아이문화사 | **펴낸곳** ㈜도서출판 푸른숲 | **출판등록** 2003년 12월 17일 제2003-000032호 | **주소** 경기도 파주시 심학산로 10, 우편번호 10881 | **전화** 031)955-9010 | **팩스** 031)955-9009 | **홈페이지** www.prunsoop.co.kr | **이메일** psoopjr@prunsoop.co.kr | **인스타그램** @psoopjr | ⓒ푸른숲주니어, 2022 | ISBN 979-11-5675-328-5 (74850) 978-89-7184-671-1 (세트)

잘못된 책은 구입하신 서점에서 바꾸어 드립니다. 본서의 반품 기한은 2028년 4월 30일까지입니다.
KC 마크는 이 제품이 공통안전기준에 적합하였음을 의미합니다. 던지거나 떨어뜨려 다치지 않도록 주의하세요.

Onni-poika osoittaa mieltä
Copyright ⓒ Sanna Pelliccioni and Etana Editions 2020
All rights reserved.
Korean Translation Copyright ⓒ Prunsoop Publishing Co., Ltd. 2022
Korean edition published in agreement with Koja Agency and Icarias Agency.

이 책의 한국어판 저작권은 이카리아스 에이전시와 Koja Agency 를 통해 Etana Editions와 독점 계약한 ㈜도서출판 푸른숲에 있습니다.
저작권법에 의하여 한국 내에서 보호를 받는 저작물이므로 무단 전재와 복제를 금합니다.

네 생각은 어때?

산나 펠리초니 글·그림 | 이유진 옮김

푸른숲주니어

살랑살랑 봄바람이 부는 날이었어요.
온니는 올라비랑 아빠랑 집 앞 공원에서 놀다가
이제 막 집으로 돌아가는 길이었지요.

"아빠, 저기 좀 봐요. 덤불 옆에 토끼가 있어요!"
올라비가 갑자기 소리쳤어요.

"어디, 어디?"

온니는 토끼라는 말에 신이 나서 배낭을 뒤적여 쌍안경을 꺼냈어요.

그런데 토끼가 보이지 않는 거 있지요? 그새 깡충깡충 뛰어 숨어 버렸나 봐요.

"아빠도 좀 보자. 하하, 저기 엄청 멋진 풍경이 있는걸.
올라비, 너도 한번 볼래?"
아빠가 활짝 웃으며 올라비에게 쌍안경을 건넸어요.

"어? 엄마다! 엄마가 공원에서 체조를 하고 있어요!"

올라비가 소리쳤어요.

"우아, 엄마 손이 바닥에 닿았어요."

언니의 입가에 스르르 웃음이 배어났지요.

"오, 드디어 물구나무서기에 성공했네!"

아빠가 감탄 어린 목소리로 말했어요.

"자, 저녁엔 다 같이 따뜻한 코코아를 마실까?"
아빠가 말하자, 온니와 올라비가 외쳤어요.

"좋아요!"

조금 뒤, 엄마가 공원에서 돌아왔어요.

이마에 땀방울이 송골송골 맺혀 있었지요.

"이야, 코코아 냄새가 참 좋네. 운동을 너무 열심히 했나 봐."

엄마가 미소를 지으며 말하자 온니가 대꾸했어요.

"아까 공원에서 엄마가 물구나무서는 거 봤어요."

"그래? 진짜 재미있었어. 공원에서 운동하니까 참 좋아."

다음 날 아침, 신문이 우편물 투입구로 톡 떨어지는 소리가 났어요.

온니는 그 소리를 듣고 현관으로 달려 나가 신문을 집어 들었지요.

그러다 눈이 휘둥그레지고 말았답니다.

신문 앞면에 이렇게 적혀 있지 뭐예요?

"공–원–이 사–라–진–다?"

그 말을 듣고 올라비가 다가와 물었어요.

"형, 우리 집 앞 공원을 말하는 거야?"

"응."

"엄마, 아빠! 우리 집 앞 공원이 없어진대요!"

온니는 안방으로 달려가며 소리쳤어요.

아직 잠이 덜 깬 엄마와 아빠는 어리둥절한 표정을 지었지요.

"사람들은 왜 도시에 공원이 필요하다는 걸 모를까?"

엄마가 화난 목소리로 말했어요.

"어찌 된 상황인지 신문을 읽어 봐야겠군."

아빠가 신문을 들고 읽기 시작했어요.

"……시에서 공원을 없애고 그 자리에 도로를 건설하겠다고 발표했다.

새 도로가 생기면 출근길이 최대 10분 빨라질 것이다."

"10분이요?"

언니가 헛웃음을 지으며 되물었어요.

그러자 아빠가 신문을 접으며 대꾸했어요.

"흠, 10분과 공원을 맞바꿀 순 없지. 곧 주민들을 모아 의견을 들을 거래."

띵동! 초인종이 울렸어요.
현관문 앞에는 옆집에 사는 헬미와
로비사 아주머니가 서 있었지요.
"온니 어머니,
신문에 난 기사 봤어요?"

올라비는 숟가락으로 죽을 떠먹으며 다짐했어요.
"공원을 꼭 지킬 거야!"

"다 같이 한자리에 모여서,
우리에게 공원이 왜
꼭 있어야 하는지 알려야 해요."
엄마가 말했어요.
사람들은 공원이 필요한 이유를
한 가지씩 외쳤어요.

"공원에서 어른과 아이들, 강아지가
날마다 산책을 해요."

"우리 엄마는 공원에서 체조를 해요."

"일단 집회를 여는 게 좋겠어요."

어른들은 머리를 맞대고 오래오래 의논을 했어요.

"집회가 뭐예요?"
온니가 물었어요.
"응, 사람들이 모여서 생각이나 의견을 알리는 거야.
우리의 생각을 조용하고 평화롭게
전달할 때 여는 모임이지."
엄마가 대답했어요.

온니와 헬미는 공원의 풀밭에 드러누워 있었어요.
두 팔과 두 다리를 활짝 벌린 채
두 눈을 꼭 감고 있으면 진짜진짜 편안하거든요.

"이제 손팻말을 만들어 볼까?"

아빠가 안 쓰는 종이 상자를 가져와 네모나게 잘랐어요.

온니와 헬미는 펜과 붓, 물감을 가져왔지요.

뚝딱뚝딱! 여러 가지 모양의 손팻말을 만들었어요!

드디어 다 같이 모이기로 약속한 토요일 오후가 되었어요.

온니와 올라비, 헬미는 준비해 둔 손팻말을 챙겨 들었어요.

"공원 지킬 준비 끝!"
온니가 외쳤어요.
"다른 사람들이 안 오면 어쩌지?"
엄마가 걱정을 하기 시작했어요.

공원이 가까워지자 나무 사이로 사람들이 보였어요.

강아지나 아기를 데리고 온 사람들도 있었지요.

우아, 생각보다 사람들이 많이 모여 있었답니다.

"공원을 살리기 위해서 만든 롤빵이에요!"

한 아주머니가 사람들에게 직접 만든 빵을 나누어 주었어요.

지역 신문 기자도 눈에 띄었지요.

사람들을 한 명 한 명 쫓아다니며 열심히 인터뷰를 하고 있었어요.

집회 소식을 듣고 시청에서 사람이 찾아왔어요.

올라비는 한 걸음 앞으로 나서며 손팻말을 높이 들어 올렸어요.

헬미와 온니, 그리고 다른 사람들도 손팻말을 머리 위로 올렸답니다.

우리가 뭘 원하는지 제대로 알려야 하니까요.

사람들이 정말정말 많이 모였어요.

"공원을 꼭 지킬 수 있겠죠?"

온니가 아빠를 보며 속삭였어요.

"느낌이 좋아. 잘될 것 같은데?"

아빠가 나지막이 대답했지요.

"자연을 위해 공원을 지켜 주세요!"

"어린이를 위해 공원을 지켜 주세요!"

"우리 모두를 위해 공원을 지켜 주세요!"

사람들이 외치는 구호가 날마다 메아리쳤어요.

얼마나 시간이 흘렀을까요?

어느 날, 온니네 가족이 아침을 먹고 있을 때였어요.

마침 라디오에서 지역 뉴스가 흘러나오자

모두들 식사를 멈추고 귀를 기울였지요.

우아, 세상에! 지역 주민들의 반대가 심해서

공원을 그대로 두기로 했다지 뭐예요?

"야호!" 온니와 올라비는 동시에 소리를 질렀어요.

"멋져!" 아빠와 엄마는 손뼉을 마주치며 환호했지요.

폴짝폴짝! 공원의 토끼들도 기쁜 듯 껑충거렸답니다.